U0944959

全国技工院校新能源汽车检测与维修专业（中/高级技能层级）

新能源汽车充电系统检测与维修习题册

主　编　刘　亮

副主编　施保连

中国劳动社会保障出版社

简介

本习题册是全国技工院校新能源汽车检测与维修专业教材（中/高级技能层级）《新能源汽车充电系统检测与维修》的配套用书。习题册内容紧扣教材的教学要求，注重基础知识的巩固和基本能力的培养，知识点分布均衡，题型丰富，难易适当，有助于学生复习巩固所学知识。

本习题册由刘亮担任主编，施保连担任副主编，刘书琴、倪飞、高凯、韦利、董志明、黄河参与编写，刘锋担任主审。

图书在版编目（CIP）数据

新能源汽车充电系统检测与维修习题册 / 刘亮主编. -- 北京：中国劳动社会保障出版社，2021

全国技工院校新能源汽车检测与维修专业：中、高级技能层级

ISBN 978-7-5167-4958-6

Ⅰ.①新… Ⅱ.①刘… Ⅲ.①新能源－汽车－充电电源－检测－技工学校－习题集 ②新能源－汽车－充电电源－维修－技工学校－习题集 Ⅳ.①U469.7

中国版本图书馆CIP数据核字（2021）第122544号

中国劳动社会保障出版社出版发行

（北京市惠新东街1号 邮政编码：100029）

*

三河市华骏印务包装有限公司印刷装订 新华书店经销

787毫米×1092毫米 16开本 5印张 83千字

2021年7月第1版 2022年8月第2次印刷

定价：11.00元

读者服务部电话：（010）64929211/84209101/64921644

营销中心电话：（010）64962347

出版社网址：http://www.class.com.cn

http://jg.class.com.cn

版权专有 侵权必究

如有印装差错，请与本社联系调换：（010）81211666

我社将与版权执法机关配合，大力打击盗印、销售和使用盗版图书活动，敬请广大读者协助举报，经查实将给予举报者奖励。

举报电话：（010）64954652

目　录

绪论 …… 1

模块一　新能源汽车充电装置的使用 …… 6

课题一　交流充电装置的使用 …… 6

课题二　直流充电装置的使用 …… 14

模块二　新能源汽车充电系统的检修 …… 22

课题一　交流充电系统的检修 …… 22

课题二　直流充电系统的检修 …… 29

课题三　低压充电系统的检修 …… 36

模块三　新能源汽车充电系统的故障诊断与排除 …… 42

课题一　充电系统简单故障的诊断与排除 …… 42

课题二　充电系统综合故障的诊断与排除 …… 46

综合试卷（一） …… 49

综合试卷（二） …… 57

大赛试题（新能源汽车充电系统部分） …… 65

绪　论

一、填空题

1. 新能源汽车产业能否得到快速发展，____________是关键因素之一。

2. 充电装置是新能源汽车不可缺少的装置之一，它的作用是将____________转化为新能源汽车______________的电能，为汽车充电。

3.《电动汽车术语》（GB/T 19596—2017）中对电动汽车进行分类，可将其分为______________、__________________和__________________三大类。

4. 根据充电装置的安装位置不同，充电装置大体可分为______________和______________两种。

5. 根据新能源汽车动力蓄电池充电时的能量转换方式不同，充电装置可分为__________和__________两种。

6. 对新能源汽车充电装置的要求有五点，分别是__________、__________、__________、__________、__________。

7. 交流充电装置主要包括三种，即__________________、__________________和__________________。

8. 感应式充电是______________，即利用__________（也叫__________），由供电设备（充电器）将能量传送至____________，该装置使用接收到的能量对电池充电，同时供其本身运作使用。

9. 汽车充电装置的连接方式分为三种，分别是____________、____________和____________。

10. 车辆控制装置通过测量________（检测点 3）与________（车身地）之间的____

________来判断车辆插头与车辆插座是否完全连接。

11. 车载充电装置包括________________、________________和________________。

12. 非车载充电装置主要包括________________、________________、________________、________________、公共场所通用充电站等。

二、判断题

1. 在 2011 版国家标准中，A+ 和 A– 可以是 12 V 也可以是 24 V，也就是说乘用车和商用车在直流充电上存在不兼容问题。（　　）

2. 通常非车载充电机的功率、体积和重量均较小，以便能适应各种充电方式。（　　）

3. 交流充电装置主要为立柱式充电桩。（　　）

4. 车载充电装置是指安装在电动汽车上的采用地面交流电网或车载电源对电池组进行充电的装置。（　　）

5. 传导式充电是通过带有车辆插头和供电插头的活动电缆传导，将电动汽车与交流电网相连接。（　　）

6. 国家标准《电动汽车传导充电用连接装置　第 1 部分：通用要求》（GB/T 20234.1—2015）中规定，汽车的充电模式可分为三种。（　　）

7. 连接方式 C 是指将电动汽车与交流电网连接时，使用带有车辆插头和供电插头的独立的活动电缆组件。（　　）

8. 充电模式 4 是指将电动汽车连接到交流电网或直流电网时，使用了带控制导引功能的直流供电设备。（　　）

三、选择题

1. 直流充电装置主要为（　　）。

A. 便携式充电器　　B. 壁挂式充电盒

C. 直流充电桩　　D. 无线充电板

2. 车辆充电时，为了避免对充电设备造成破坏，下列选项中错误的是（　　）。

A. 严禁带电插拔充电插头

B. 如遇设备起火，严禁使用泡沫灭火器

C. 严禁使用金属物体触碰充电枪接口、纯电动汽车充电口

D. 可以改装充电设备

3. 在直流充电中，车辆需要与直流充电桩建立 CAN 通信，并获得低压供电输入，因此多了（　　）与 S+、S– 的连接。

A. A+、A–

B. B+、B–

C. C+、C–

D. D+、D–

4. 国家标准要求直流充电和交流充电电流大于（　　）A 的场景下，充电枪应具备电子锁止功能。不同的是，在交流充电连接时，电子锁止装置需要安装在车辆插座上，而在直流充电连接时，电子锁止装置需要安装在车辆插头上。

A. 12

B. 14

C. 16

D. 24

5. 在充电过程中，充电设备将对实际充电电流与 PWM 表征的最大充电电流进行比较，若实际充电电流大于最大允许值的（　　）倍且持续 5 s，将停止充电。

A. 1.1

B. 1.2

C. 1.3

D. 1.4

6. 在充电过程中，充电枪和充电座各端子连接顺序中最先接触的是（　　）端子。

A. PE

B. CC2

C. CC1

D. DC+

7. 若有车辆充电电流需要超过（　　）A 的情况，需要通过双充电枪来实现。

A. 200

B. 250

C. 350

D. 400

四、简答题

1. 新能源汽车充电装置的连接方式有哪些？分别写出每种连接方式的连接情况。

2. 新能源汽车有哪些充电模式?

3. 简述车辆充电系统插座需要设置温度传感器的原因。

4. 新能源汽车对充电场所的管理规定有哪些?

5. 简述新能源汽车充电场所突发事件的应急处置规定。

五、综合题

在下图中补全电动汽车充电装置按安装位置不同的分类。

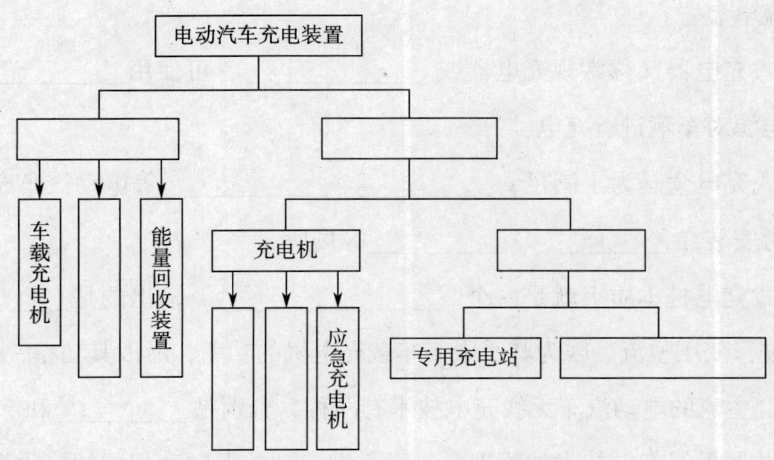

电动汽车充电装置按安装位置不同分类

模块一
新能源汽车充电装置的使用

课题一　交流充电装置的使用

一、填空题

1. 交流充电装置是指采用传导方式为具有________________的电动汽车提供交流电源的专用供电装置。

2. 单相交流充电桩的最大额定功率为______kW，主要适用于为________________充电。

3. 交流充电装置主要包括四种，即______________、_______________、______________和无线充电装置。

4. 便携式充电器又称常规充电器或______________，可使用______________或______________电源对车辆进行充电。

5. 壁挂式充电盒是为了满足____________、____________等电动汽车充电而配备的充电设备，可安装在__________、__________等场所。

6. 立柱式充电桩本质上就是一个__________________，输出的是__________，需要车载充电机进行变压整流。因为其受限于车载充电机的功率，所以其功率一般________。

7. 目前，主流的电动汽车无线充电技术有两种，分别是__________和__________。

8. 磁场共振无线充电技术的原理是：发送端遇到共振频率相同的接收端，由____________进行电能传输。这种充电方式传输距离较远，同时传输的功率较大，适合______

____、__________充电。

9. 交流充电桩电气架构由____________和____________组成。

二、判断题

1. 便携式充电器充电时间较长，但其对充电的要求不高，制造和安装成本较低；可充分利用电力峰谷时段进行充电，降低充电成本。（ ）

2. 壁挂式充电盒检修口的作用是供用户进行漏电断路器的功能测试。（ ）

3. 非接触式电能传输在传输功率上比较容易获得突破，传输效率较高，但传输距离很短。（ ）

4. 与磁场感应技术相比，磁场共振的优势在于能在更大的范围内实现有效的能量传递，实现更高的空间自由度。因此，其可靠性更高，而且可以支持多个设备同时充电。（ ）

5. 启动充电和停止充电时必须使用同一张卡进行刷卡，刷卡启动后其他卡无法对充电盒进行操作，管理员卡除外。（ ）

6. 便携式充电器控制盒内部的主控单片机起到检测电流、提供过流保护的作用。（ ）

三、选择题

1. 当充电完成时，充电盒自动停止充电，SOC 进度条显示为（ ），此时完成指示灯（Complete）闪烁。

A. 100%　　B. 80%

C. 60%　　D. 40%

2. 壁挂式充电盒根据充电功率的不同，可以分为（ ）两种。

A. 3.3 kW/7 kW 和 20 kW　　B. 20 kW 和 40 kW

C. 3.3 kW/7 kW 和 40 kW　　D. 3.3 kW 和 40 kW

3. 比亚迪便携式充电器的外壳防护等级是（ ）。

A. IP45　　B. IP67

C. IP56　　D. IP78

4. 便携式充电器的充电电流一般为（ ）A。

A. 0～5　　B. 5～10

C. 10～15　　D. 15～20

5. 比亚迪便携式充电器上的 LED 指示灯（红色指示灯）1s 闪烁 1 次代表的含义是（　　）。

A. 充电完成　　B. 过温保护

C. 过流保护　　D. 漏电保护

6. 立柱式充电桩输出的电流形式是（　　）。

A. 交流电　　B. 直流电

C. 低压电　　D. 高压电

7. 无线充电装置的功率一般在（　　）kW 以下。

A. 5　　B. 10

C. 15　　D. 20

8. 充电时，电源侧插座前端需配备额定电流为（　　）A 的漏电断路器。

A. 10　　B. 15

C. 20　　D. 25

9. 便携式充电器内部起电路保护作用的是（　　）。

A. 继电器　　B. 电流互感器

C. 工频变压器　　D. 熔丝

四、简答题

1. 简述立柱式充电桩电气系统架构的组成。

2. 简述立柱式充电桩的作用。

3. 简述便携式充电器的特点。

4. 便携式充电器在使用时的注意事项有哪些?

5. 简述立柱式充电桩的特点。

6. 简述立柱式充电桩主回路和二次回路的主要功能。

7. 简述电磁感应与磁场共振两种无线充电技术的优缺点。

8. 简述磁场共振技术的原理。

9. 为保证壁挂式充电盒的运行安全，安装场所必须满足哪些条件？

五、综合题

1. 查阅资料，将下表中比亚迪便携式充电器 LED 指示灯的状态说明补充完整。

LED 指示灯状态说明

序号	红色指示灯	绿色指示灯	状态说明	指示灯位置
1	常亮	—		红灯 绿灯
2	常亮	1 s 闪烁 1 次		
3	两灯同时闪烁（1 s 闪烁 1 次）			
4	常亮	常亮		
5	1 s 闪烁 1 次	常亮		
6	两灯同时闪烁（3 s 闪烁 1 次）			
7	两灯交替闪烁（1 s 闪烁 1 次）			
8	3 s 闪烁 1 次	常亮		

2. 查阅资料，将下表中比亚迪 3.3 kW/7 kW 壁挂式充电盒的指示灯状态说明补充完整。

比亚迪 3.3 kW/7 kW 壁挂式充电盒的指示灯状态说明

序号	“BYD”指示灯	充电指示灯	故障指示灯	状态说明
1	常亮	常亮	/	
2	常亮	1 s 闪烁 3 次	/	
3	常亮	2 s 闪烁 1 次	/	
4	常亮	/	1 s 闪烁 1 次	
5	常亮	/	3 s 闪烁 1 次	
6	常亮	/	5 s 闪烁 1 次	
7	常亮	/	常亮	

3. 写出下图中比亚迪壁挂式充电盒各组成部件的名称，并说明其作用。

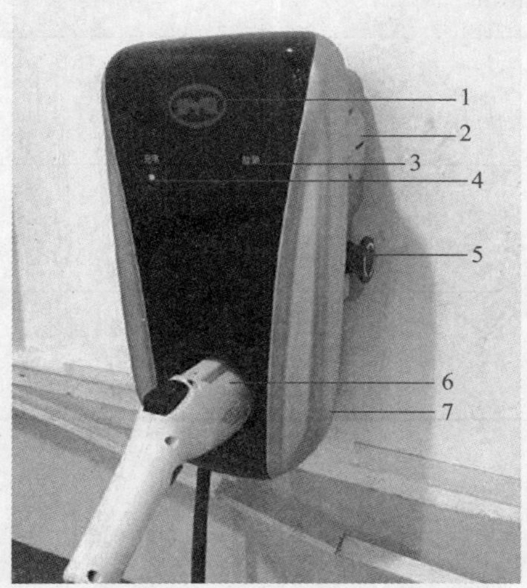

壁挂式充电盒的结构

序号	部件名称	作用
1		
2		
3		
4		
5		
6		
7		

4. 将无线充电技术的优缺点填写在下表中。

优点	缺点

课题二　直流充电装置的使用

一、填空题

1. 直流充电桩是固定安装在电动汽车外，与____________连接，采用直流充电模式为电动汽车________________进行充电的供电装置。

2. 直流充电模式是以充电桩输出的______________直接对______________进行充电的模式。

3. 直流充电桩的输入电压采用________________，频率为__________，输出为____________，可以直接为电动汽车动力蓄电池充电。

4. 直流充电桩采用的是__________________供电，可以提供足够的功率，输出的________和________调整范围大，可以实现快速充电的要求。所以，直流充电桩又被称为“快充”。

5. 直流充电桩能够为电动汽车提供____________，在充电过程中为电动汽车__________供电。

6. 直流充电桩采用________________，使充电时间大大缩短。但快速充电的电流电压______，短时间内对电池的冲击______，容易使电池的____________脱落且使电池发热。

7. 直流充电桩的工作原理是通过整流将______变为______，再通过______________调整电压、电流输出，实现对电动汽车动力蓄电池充电。

8. 电动汽车电池的充电过程通常可分为____________、____________、____________和____________。

9. 直流充电桩的主体结构主要由____________、____________、____________、充电指示灯、充电枪插头等组成。

10. 直流充电桩具有友好的人机界面，能动态显示____________、____________以及____________。

二、判断题

1. 直流充电采用脉冲快速充电，其最大优点是使充电时间大为缩短，且可增加适当的电池容量，提高启动性能。（　　）

2. 直流充电桩具备通过 CAN 网络与 BMS（电池管理系统）通信的功能，以此来判断电池类型，获得动力蓄电池系统参数，以及充电前和充电过程中动力蓄电池的状态参数。（　　）

3. 直流充电桩采用数字化均流技术，均流性能稳定，但脱离管理模块不能稳定工作并自主均流。（　　）

4. 直流充电桩采用模块化架构，可适应 10 ~ 200 kW 的不同功率需求。（　　）

5. 直流充电桩具备宽电压输入范围，以及窄工作温度范围。（　　）

6. DC/DC 变换器的主要功能是将交流电转换为低压交流电。（　　）

7. 直流充电桩采用 IGBT（绝缘栅双极型晶体管）配套最新的驱动技术，稳定性高。（　　）

三、选择题

1. 直流充电桩采用（　　）结构。

A. 整体式　　B. 分体式

C. 整体式或分体式　　D. 其他

2. 快速充电就是用大电流充电，迅速恢复电池电能。快速充电率一般在（　　）以上，快充时间由电池容量和充电率决定。

A. 1 C　　B. 2 C

C. 3 C　　D. 4 C

3. 能够进行“快速充电”的纯电动汽车（　　）。

A. 快充电路和慢充电路通常各自独立

B. 没有充电电流限制

C. 只可通过无线连接对动力蓄电池包快速充电

D. 使用与传统充电（慢充）相同的电路、电缆和连接器

4. 充电电池的额定容量为 1 000 mAh 时，即表示以 1 000 mA（1 C）放电，时间可持续 1 h，如以 200 mA（0.2 C）放电，时间可持续（　　）h。

A. 1　　B. 10

C. 5　　D. 50

5. 电动汽车为保证充入 100% 的电量，还应加入补足充电过程。补足充电率一般不超过（　　）。

A. 0.1 C　　B. 0.2 C

C. 0.3 C　　D. 0.4 C

四、简答题

1. 简述直流充电桩的结构组成。

2. 直流充电桩具有哪些保护功能？

3. 简述直流充电桩的工作原理。

4. 使用直流充电桩为车辆充电前应进行哪些检查?

5. 简述电动汽车预充电的概念。

6. 简述恒流充电的概念及特点。

7. 简述恒流充电的四种充电方法。

8. 简述恒压充电的概念及特点。

五、综合题

1. 用直流充电桩为电动汽车充电，结合实操说明使用直流充电桩的操作步骤及注意事项。

2. 根据所学知识补全直流充电桩的工作原理图。

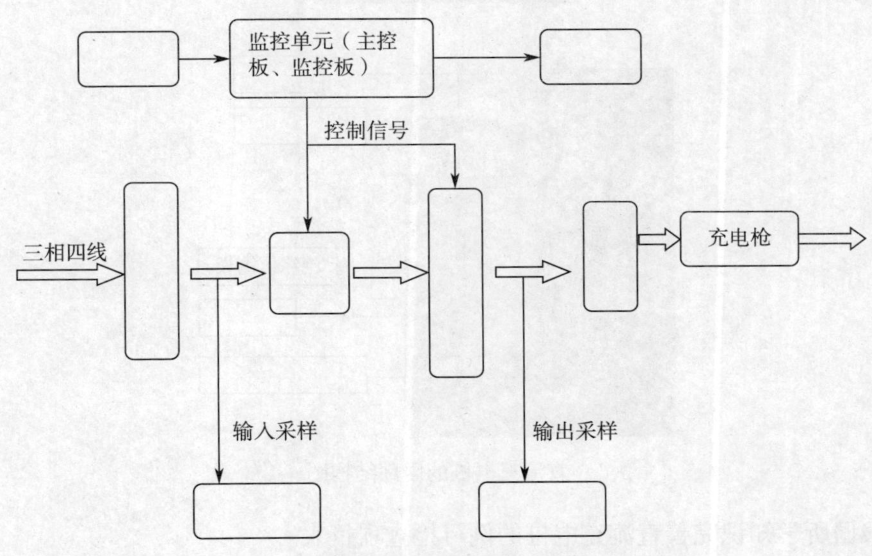

直流充电桩的工作原理图

3. 根据所学知识补全直流充电桩内部结构图。

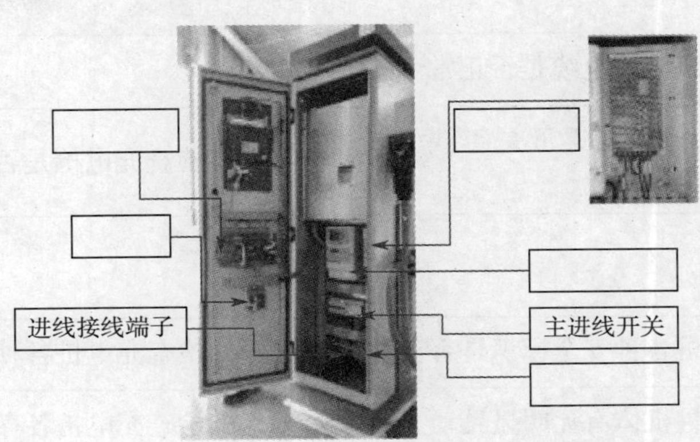

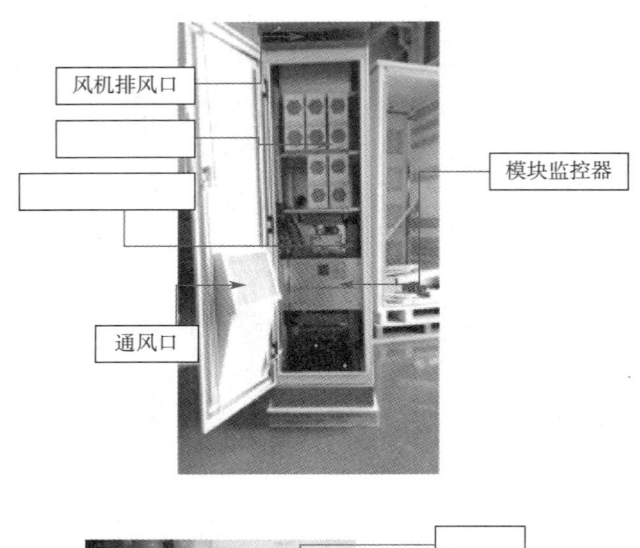

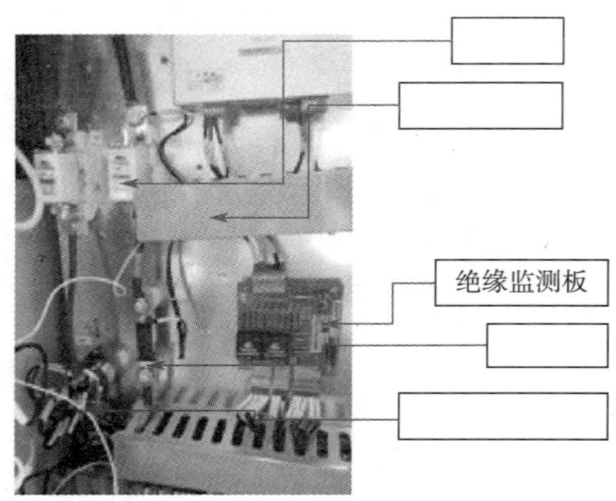

直流充电桩的内部结构图

4. 根据所学知识完善直流充电桩的例行检查项目表。

直流充电桩的例行检查项目表

序号	检查项目	序号	检查项目
1	检查充电桩连接电缆是否正常	7	
2	检查充电桩固定螺母是否缺失或松动	8	检查充电枪是否完好
3		9	
4	检查充电桩各种安全标识是否正常	10	检查充电桩各种充电功能是否正常
5	检查充电桩机体有无明显晃动	11	检查充电桩各存储数据是否正常
6	检查充电桩显示屏是否完好	12	

续表

序号	检查项目	序号	检查项目
13	检查计量、计费功能是否正常、精准	17	检查后台管理软件的各种管理功能是否正常
14		18	检查各种结算数据是否正确
15		19	检查充电场所的各种安防措施是否正常
16			

模块二
新能源汽车充电系统的检修

课题一　交流充电系统的检修

一、填空题

1. 交流充电线束连接____________与______________，将交流充电桩输入的 220 V 交流电输送给______________。

2. 在交流充电模式下，充电系统主要由________________、________________、________________、________________、________________、________________、________________和________________等组成。

3. 交流充电系统高压线束主要包括________________________、________________和________________等。

4. 高压附件线束（也称高压线束总成）用于连接______________与______________、______________、______________、______________。

5. 电动汽车车载充电机的主要功能是将______________转换为____________给动力蓄电池充电，保证车辆正常行驶。

6. 车载充电机提供相应的保护功能，如________、________、________、________等，当充电系统出现异常时能及时切断供电。

7. 车载充电机的内部结构可分为三部分，即__________、__________、线束及标

准件。

8. 电动汽车交流充电系统应具有控制导引电路，以实现下列功能：______________________、______________________、______________________。

9. 车载充电机主要由____________、____________、____________、____________和____________等组成。

10. 测量充电线束车辆端充电枪的 CC 脚与 PE 脚的电阻值，16 A 充电线束的电阻值应为__________Ω，32 A 充电线束的电阻值应为__________Ω。

11. 标准的输入接口采用工频单相输入__________V 电压。但如果功率需要，也可以启用两个备用 pin 口（NC1、NC2），可以实现__________V 输入。

二、判断题

1. 交流充电线束用于连接动力蓄电池与车载充电机。（　　）

2. 动力蓄电池高压线束用于连接动力蓄电池与高压控制盒。（　　）

3. 车载充电机内部的控制电路用于控制 MOS 管（场效应管）的开关，具有与动力蓄电池之间通信，监测车载充电机的状态，与充电桩握手等功能。（　　）

4. 在交流充电接口的 7 个针脚中，CC 针和 CP 针最短。（　　）

5. 当充电正常时，POWER 灯和 RUN 灯点亮；当启动半分钟后 POWER 灯仍然点亮时，有可能为电池无充电请求或已充满。（　　）

6. 当 POWER、RUN、FAULT 三个灯都不亮时，表示没有电源输入，应检查充电桩、充电线束及接插件是否正常；若不正常，则更换车载充电机。（　　）

7. 在环境温度为 23 ± 2 ℃和相对湿度为 90% ~ 95% 时，车载充电机正负极输出与车身（外壳）之间的绝缘电阻≥20 MΩ。（　　）

三、选择题

1. 低压辅助单元是一个标准低压电源，输出电压为（　　），用于在充电期间给电动汽车上的用电器件供电，比如电池管理系统、热管理系统、汽车仪表等。

A. 12 V 或者 24 V　　B. 12 V

C. 24 V　　D. 36 V

2. 检查交流充电口与车载充电机连接是否良好：分别测量充电口（　　）脚与充电

线束充电接插件 1、2、3、5、6 脚是否导通。如果不导通，则修复或更换交流充电线束总成。

A. L、N　　B. CC、CP

C. PE　　D. 以上都测量

3. 交流充电装置可分为（　　）A 和（　　）A 两种功率等级。

A. 5　10　　B. 8　16

C. 12　24　　D. 16　32

4. 交流充电系统工作，车载充电机启动自检，确认系统无故障且储能装置处于可充电状态时，车辆控制装置闭合开关 S2，车辆充电准备就绪。充电设施判断检测点 1 的峰值电压是否为（　　）V，若是，代表充电设施准备就绪，供电控制装置闭合主供电开关 K1、K2，交流供电回路导通。

A. 6　　B. 24

C. 12　　D. 360

5. 7 kW 充电盒、随车充电枪上 CC 对 PE 的电阻值分别为（　　）。

A. 220 Ω、1 500 Ω　　B. 2 000 Ω、680 Ω

C. 220 Ω、680 Ω　　D. 680 Ω、2 000 Ω

6. 电动汽车交流充电过程中，（　　）信号用来判断充电功率。

A. CC 对地电阻　　B. CP

C. PWM　　D. 允许充电

四、简答题

1. 交流充电系统由哪几部分组成？

2. 简述车载充电机的作用。

3. 简述车载充电机内部主电路的作用。

4. 简述电动汽车交流充电系统中控制导引电路的功能。

5. 简述控制导引电路带载切断（误操作）的安全保护功能的原理。

五、综合题

1. 综合分析交流充电系统的工作过程，并画出工作流程图。

2. 根据所学知识补全交流充电系统的组成框图。

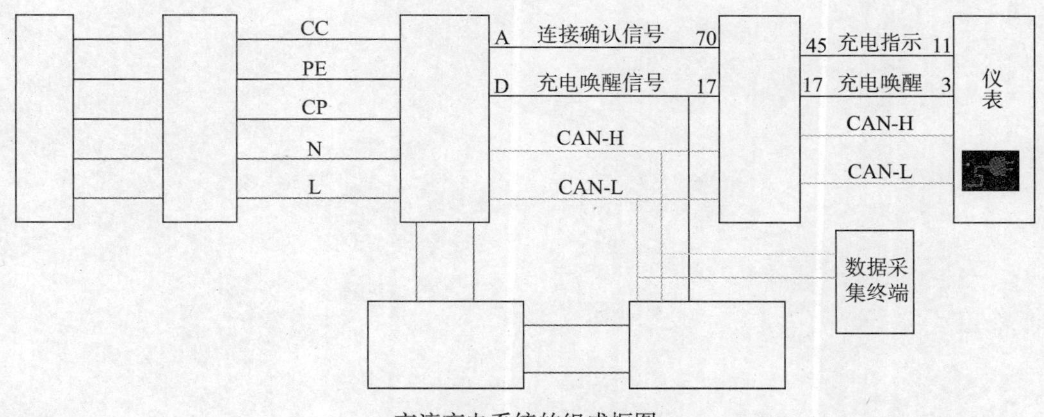

交流充电系统的组成框图

3. 根据所学知识补全交流充电接口各端子的额定电压和额定电流以及功能定义。

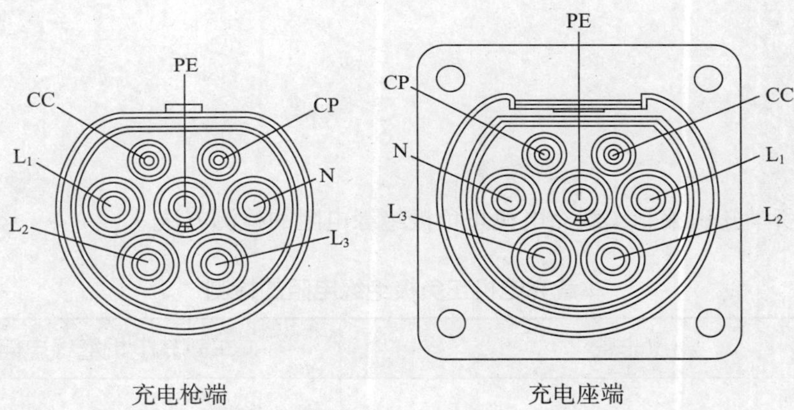

充电枪端　　充电座端

交流充电接口端子的名称

端子标识	额定电压和额定电流	功能定义
L_1		
L_2		
L_3		
N		
PE		
CC		
CP		

4. 综合分析交流充电系统线束检修的内容和方法。

5. 根据所学知识编制车载充电机正负极绝缘电阻的检测方法。

车载充电机正负极绝缘电阻的检测

检测步骤	车载充电机绝缘电阻值

课题二　直流充电系统的检修

一、填空题

1. 直流充电是指利用专业的直流充电桩将电网的________逆变成为________，当直流充电枪与新能源汽车________________对接后，经过____________后，输出电动汽车动力蓄电池所需的________、________，为动力蓄电池充电。

2. 直流充电系统高压线束主要包括________________________、________________、________________等。

3. 以比亚迪 e5 汽车为例，将高压控制盒整合在高压电控总成中，高压电控总成又称“四合一”，是由______________________________、______________________________、______________________和____________组成的一个整体。

4. 高压控制盒能实现____________、______________、______________以及________等功能（由漏电传感器等实现）。

5. 在整个充电过程中，BMS 实时向充电机发送动力蓄电池充电需求，充电桩根据动力蓄电池需求调整充电电压和充电电流，以保证充电过程正常进行。充电桩与车辆不断交换信息，包括__________、__________、__________、__________等信息。

6. 比亚迪 e5 汽车的高压控制盒安装在高压电控总成中，其主要结构组成包括________________、__________________、____________________、__________________、________________________________（其吸合与断开由____________控制）等。

7. 当__________、__________两个检测点检测到的__________值符合要求后，即认为充电桩与车辆可靠连接。

8. VCU（整车控制器）与充电桩握手成功之后，VCU 报送动力蓄电池的充电需求，充电桩报送供电能力，两者匹配，VCU 和 BMS（电池管理系统）控制__________、__________闭合，充电桩控制__________、__________闭合，即进入充电阶段。

9. 当车辆及充电桩判定充电结束之后，断开 K1、K2、K5、K6，____________，断开 K3、K4，____________。

10. 充电桩根据______________________、________________________、________________________或者________________________________来判断是否结束充电。

11. 当停止充电时，BMS 向充电桩反馈充电统计数据（______________、_______________和______________），充电桩收到数据后，向 BMS 发送整个充电过程中的____________、____________等信息。

二、判断题

1. 直流充电线束用于连接直流充电接口与高压控制盒。（　　）

2. 直流充电低压线束用于连接低压蓄电池与电池管理器。（　　）

3. 在直流充电控制导引电路中，检测点 1 即 CC1，为充电桩检测快充插头与车辆连接状态识别信号。（　　）

4. 当车辆端和充电桩端中任意一个判定充电枪已连接，就可以判断为充电连接确认无误。（　　）

5. 检修高压控制盒时，如果测量结果不符合正常值，则检测高压电控总成。（　　）

6. 比亚迪 e5 汽车中的高压电控总成集成化，实现了高压系统的小型化、轻量化，不利于降低成本、改善布局和提高整车性能。（　　）

7. 检查直流充电线束低压接插件和充电口端的电阻值是否正常，如果测量值不正常，则需要更换线束。（　　）

三、选择题

1.（　　）为充电桩低压唤醒正、负继电器，其供电输出给整车控制器。

A. K1、K2　　B. K3、K4

C. K5、K6　　D. K7、K8

2. 测量电池管理器接插件 BMC 02 与车身地之间的电阻值，测量端子直流充电接触器控制脚到车身地，其正常值应该（　　）。

A. 等于 1 Ω　　B. 大于 1 Ω

C. 小于 1 Ω　　D. 以上都不对

3. 使用专用万用表对所维修部位进行电压测量，如所测值大于（　　）V，应使用专用放电棒对该部件进行放电，当电压完全消失后方可进行下一步操作。

A. 0　　B. 12

C. 24　　D. 36

四、简答题

1. 直流充电系统由哪几部分组成？

2. 直流充电口 CC2 的作用是什么？

3. 简述直流充电系统控制导引电路的功能。

4. 简述比亚迪高压控制盒的主要功能。

5. 简述比亚迪 e5 汽车高压控制盒的主要结构组成。

五、综合题

1. 根据所学知识补全直流充电系统的组成框图。

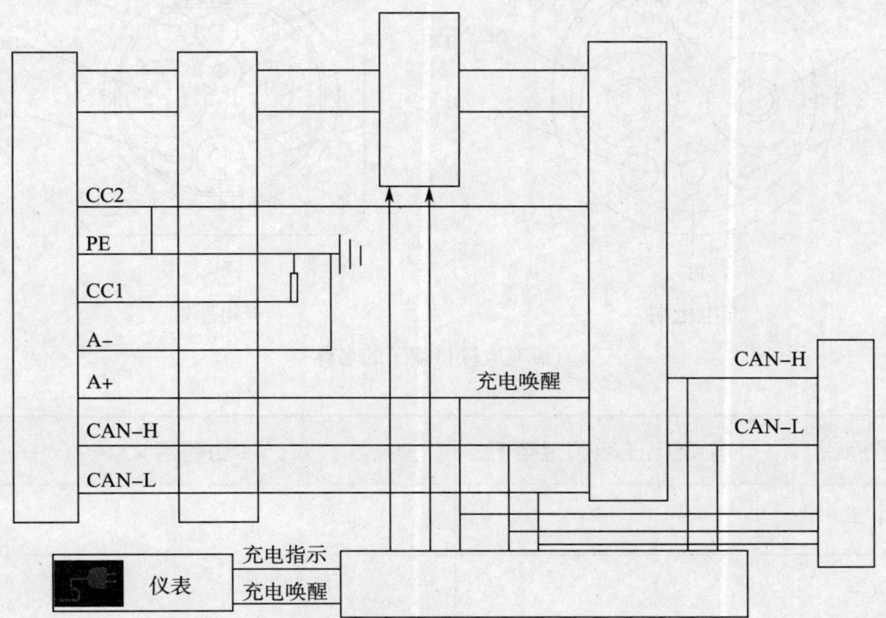

直流充电系统的组成框图

2. 根据所学知识综合分析直流充电系统的工作过程，并画出工作流程图。

3. 根据所学知识补全直流充电接口各端子的额定电压和额定电流以及功能定义。

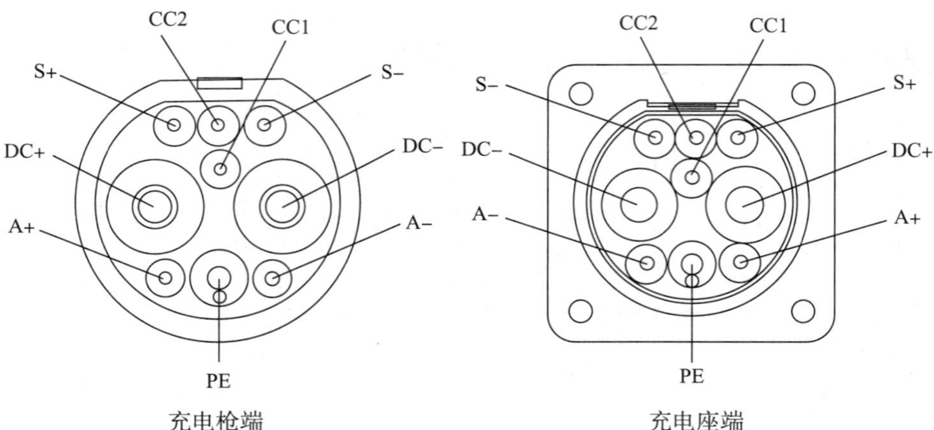

直流充电接口端子的名称

端子标识	额定电压和额定电流	功能定义
DC+		
DC−		
PE		
S+		
S−		
CC1		
CC2		
A+		
A−		

4. 根据所学知识完成比亚迪 e5 汽车高压控制电控总成外部接口的说明。

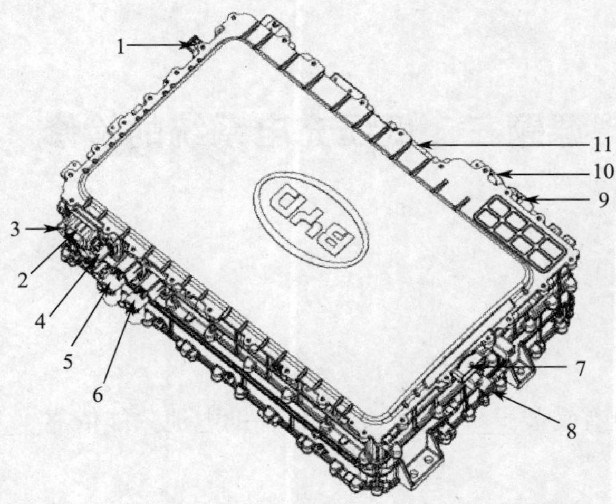

比亚迪 e5 汽车高压电控总成外部接口示意图

接口编号	说明	接口编号	说明
1		7	
2		8	
3		9	
4		10	
5		11	
6			

课题三　低压充电系统的检修

一、填空题

1. 纯电动汽车没有安装__________，低压辅助电池只能依靠____________进行补充充电。

2. 比亚迪辅助蓄电池是整车低压负载的供电电源，__________在 DC/DC 变换器输出端上。

3. DC/DC 变换器在__________、__________、__________________都会工作，通过辅助蓄电池为整车提供低压电源。

4. 北汽新能源 EV200 车型 DC/DC 变换器的主要连接线束包括________________________、________________、________________等。

5. 电动汽车低压直流 12 V 充电系统主要由____________、____________、_____________________、____________等组成。

6. 以比亚迪 e5 车型为例，该车装配的是________。该电池内部包含____________，能监测电池的________、________和________，电池管理器和整车控制模块能进行相互通信。

二、判断题

1. 如果检测到辅助蓄电池状态异常，便会触发故障报警功能，使仪表盘上的故障指示灯点亮，同时显示“请检查低压电池系统”。（　　）

2. 一般情况是 DC/DC 变换器不给辅助蓄电池充电，只有当输出不足时，辅助蓄电池才参与整车负载供电。（　　）

3. 可以使用辅助蓄电池给其他燃油车辆搭电起动。（　　）

4. 启动辅助蓄电池时，在非 OK 电源挡上可以开启前照灯和音响等多媒体娱乐系统。（　　）

5. 在做好高压安全防护准备后，检查并清洁 DC/DC 变换器外表面，外表面应无异物，散热齿上应无杂物、灰尘等，以保证散热时风道畅通。检查 DC/DC 变换器外壳，应无变形和碰撞痕迹。（　　）

三、选择题

1. 辅助蓄电池在车下充电时，须采用限流方式，限制电压在（　　）V，电流在（　　）A 以内。

A. 12　20　　B. 14　30

C. 24　30　　D. 12　30

2. 当辅助蓄电池电压低于（　　）V 时，需更换辅助蓄电池。

A. 7.5　　B. 12

C. 6　　D. 24

3. 比亚迪 e5 汽车（　　），车辆低压充电系统会工作。

A. 智能充电时　　B. 充电时

C. 上 OK 电时　　D. 以上都对

4. 检查 DC/DC 变换器的功能：将车钥匙置于 ON 位，使用专用万用表电压挡测量低压蓄电池的电压，这时所测得的电压值就是 DC/DC 变换器的输出电压，在关闭车上用电设备的情况下，DC/DC 变换器的正常输出电压应为（　　）V。

A. 0 ~ 12　　B. 14 ~ 24

C. 13 ~ 14　　D. 24 ~ 36

5. 辅助蓄电池的充电电流降为（　　）A 时，应停止充电。

A. 0 ~ 0.5　　B. 0.5 ~ 1

C. 0 ~ 1　　D. 1 ~ 1.5

6. DC/DC 变换器的输出电压标称值为（　　）V。

A. 12　　B. 14

C. 13.8　　D. 14.8

四、简答题

1. 低压充电系统由哪几部分组成?

2. DC/DC 变换器的作用是什么?

3. 简述比亚迪 e5 汽车的智能充电模式。

4. 简述超低功耗模式的概念。应如何唤醒该模式？

五、综合题

1. 结合所学知识综合分析比亚迪 e5 汽车低压充电系统的工作原理。

2. 结合所学知识综合分析 DC/DC 变换器的工作原理。

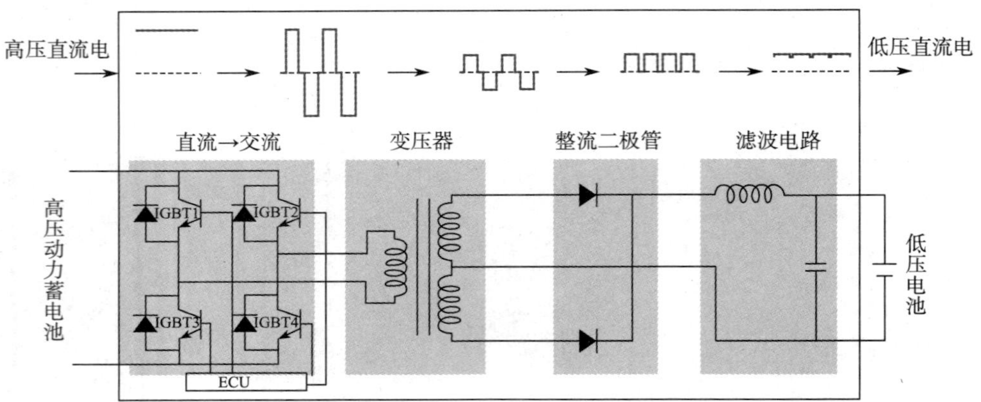

DC/DC 变换器的工作原理

3. 结合所学知识综合分析低压蓄电池的充电注意事项。

4. 结合所学知识编制 DC/DC 变换器绝缘电阻的检测方法。

DC/DC 变换器正、负极绝缘电阻的检测

检测步骤	绝缘电阻值

模块三
新能源汽车充电系统的故障诊断与排除

课题一　充电系统简单故障的诊断与排除

一、填空题

1. 交流充电线束连接____________与____________，将交流充电桩输入的______V交流电输送到车载充电机。

2. 仪表提示“请检查充电系统，请检查低压电池系统”，根据低压电池系统故障现象分析，可能的故障原因有____________________、____________________、____________________等。

3. 电池组的整体寿命取决于____________的那颗电池。

4. 在日常使用过程中，电池本身会出现各种故障。其中，外部故障有____________________、__________等，内部故障有__________、____________________、__________、__________和__________等。

5. 比亚迪 e5 汽车的 DC/DC 变换器集成在______________中，当辅助蓄电池电量偏低时，控制______________吸合，同时发出智能充电请求给动力蓄电池__________。

6. 比亚迪 e5 汽车充电连接指示灯不亮，车辆无法进行交流充电可能的故障原因有______________、______________、______________________________、____________________________、______________________________。

7. BMS 在被唤醒之后检测 VTOG 发送的充电连接信号，然后控制分压接触器、______________、负极接触器、______________、______________工作，实现外部电源对车辆的交流充电。

8. 磷酸铁锂电池在________时，正极中的锂离子（Li+）通过聚合物隔膜向________迁移；在放电过程中，负极中的锂离子（Li+）通过隔膜向________迁移。

二、判断题

1. 比亚迪 e5 汽车所使用的低压蓄电池是磷酸铁锂电池，是用磷酸铁锂（$LiFePO_4$）材料作电池负极的锂离子电池。（　　）

2. 磷酸铁锂电池在充电时，正极中的锂离子（Li+）通过聚合物隔膜向负极迁移。（　　）

3. 测量辅助蓄电池的电压为 0 V，可判断辅助蓄电池亏电，已进入超低功耗模式。（　　）

4. 判断 DC 不工作导致辅助蓄电池馈电，不需要更换高压电控总成。（　　）

三、选择题

1. 单体磷酸铁锂电池的使用寿命超过（　　）次，但电池组的寿命会大打折扣，可能只有（　　）次。

A. 2 000　500　　　　B. 2 000　600

C. 3 000　500　　　　D. 500　1 000

2. 磷酸铁锂电池内部包含电池管理器，能监测电池的（　　）、（　　）、温度，电池管理器和整车控制模块能进行通信，如果检测到锂离子电池的状态异常，便会触发故障报警功能，在仪表盘上的故障指示灯点亮，同时显示“请检查低压电池系统”。

A. 电压　电流　　　　B. 电阻　电压

C. 电压　电感　　　　D. 电流　电阻

3. 当辅助蓄电池单节电压低于 3.1 V 时会进入超低功耗模式，正常情况下 DC/DC 变换器输出电压为（　　）V 左右。

A. 12　　　　B. 5

C. 13.8　　　　D. 24

四、简答题

1. 简述磷酸铁锂电池再充电时内部锂离子的移动路径。

2. 简述磷酸铁锂电池的内部结构。

五、综合题

绘制低压充电系统的电路图，并说明其工作原理。

课题二　充电系统综合故障的诊断与排除

一、填空题

1. 车辆在直流充电桩上无法充电，显示“启动充电未能成功”，尝试更换多个充电桩也无法充电，可以使用交流充电桩充电，可能的故障原因为____________________、____________________、____________________或者______________________________。

2. 目视检查充电口外观时的故障有________________、________________、________________、________________、________________等。

二、判断题

1. 电池组由大量单体电池串并联而成，电池组整体寿命取决于使用寿命最短的那颗电池。（　　）

2. 由于车辆仪表盘上有点亮的充电连接指示灯，充电桩上显示“充电未能成功启动”，说明充电口 CC1 端子和 CC2 端子正常，所以将故障定位于充电过程中的 CAN 线信息交互失败上。（　　）

3. 插上充电枪后，充电柜检测到 CC1 的 2 kΩ 电阻，则确认充电枪已插好。（　　）

4. 电量通过电池 SOC 进行反映，即荷电状态，用来反映电池的剩余容量，其数值上定义为剩余容量占电池容量的比值，常用比例来表示。（　　）

三、选择题

1. 用万用表测量充电枪端子 PE 与端子 CP 之间的电压为（　　）V，端子 L 与端子 N 之间的电压为（　　）V，初步判断供电设备正常。

A. 12　0　　　　B. 5　0

C. 12　5　　　　D. 12　13.8

2. 单相供电的传感器，其供电电压 VA_{min} 是双相供电电压 VA_{min} 的（　　）倍，所以其测量范围要高于双相供电的传感器。

A. 1　　B. 2

C. 3　　D. 4

3. 测量电源管理器 BK45（A）–29 号针脚到高压电控总成 B28（B）–17 号针脚，以及霍尔电流传感器（　　）V 电源线路的导通情况，结果显示正常。

A. 1　　B. 0

C. –12　　D. –15

4. 电池 SOC 值不能直接测量，只能通过电池端（　　）、充放电（　　）及（　　）等参数来估算其大小。

A. 电流　电压　内阻　　B. 电压　电流　内阻

C. 电压　内阻　电流　　D. 电流　内阻　电压

四、简答题

1. 简述直流充电信号的确认过程。

2. 充电枪端口的常见故障有哪些？

五、综合题

1. 结合所学知识综合描述充电口外观检查的内容和方法。

2. 结合所学知识综合描述直流充电的流程。

综合试卷（一）

一、填空题（每题 1 分，共计 15 分）

1. 新能源汽车产业能否得到快速发展，____________是关键因素之一。

2. 充电装置是新能源汽车不可缺少的装置之一，它的作用是将____________转化为新能源汽车_____________的电能，为汽车充电。

3.《电动汽车术语》（GB/T 19596—2017）中对电动汽车进行分类，可将其分为______________、__________________和__________________三大类。

4. 交流充电装置是指采用传导方式为具有________________的电动汽车提供交流电源的专用供电装置。

5. 单相交流充电桩的最大额定功率为______kW，主要适用于为________________充电。

6. 交流充电装置主要包括四种，即______________、______________、______________和无线充电装置。

7. 直流充电桩是固定安装在电动汽车外，与交流电网连接，采用直流充电模式为电动汽车________________进行充电的供电装置。

8. 直流充电模式是以充电桩输出的______________直接对______________进行充电的模式。

9. 直流充电桩的输入电压采用______________，频率为____________，输出为____________，可以直接为电动汽车动力蓄电池充电。

10. 交流充电线束连接____________与____________，将交流充电桩输入的 220 V 交流电输送给______________。

11. 在交流充电模式下，充电系统主要由______________、______________、__________、____________、________________、______________、__________ 和_______________等组成。

12. 交流充电系统高压线束主要包括________________________、______________和____________等。

13. 直流充电是指利用专业的直流充电桩将电网的________逆变成为________，当直流充电枪与新能源汽车________________对接后，经过____________后，输出电动汽车动力蓄电池所需的________、__________，为动力蓄电池充电。

14. 直流充电系统高压线束主要包括________________________、__________________、__________________等。

15. 以比亚迪 e5 汽车为例，将高压控制盒整合在高压电控总成中，高压电控总成又称“四合一”，是由__________________________________、__________________________、____________________和______________组成的一个整体。

二、判断题（每题 1 分，共计 15 分）

1. 在 2011 版国家标准中，A+ 和 A− 可以是 12 V，也可以是 24 V，也就是说乘用车和商用车在直流充电上存在不兼容问题。 (　　)

2. 通常非车载充电机的功率、体积和重量均较小，以便能适应各种充电方式。 (　　)

3. 交流充电装置主要为立柱式充电桩。 (　　)

4. 便携式充电器充电时间较长，但其对充电的要求不高，制造和安装成本较低；可充分利用电力峰谷时段进行充电，降低充电成本。 (　　)

5. 充电时，电源侧插座前端需配备额定电流为 10 A 的漏电断路器。 (　　)

6. 非接触式电能传输在传输功率上比较容易获得突破，传输效率较高，但传输距离很短。 (　　)

7. 直流充电采用脉冲快速充电，其最大优点是使充电时间大为缩短，且可增加适当的电池容量，提高启动性能。 (　　)

8. 直流充电桩具备通过 CAN 网络与 BMS（电池管理系统）通信的功能，以此来判断电池类型，获得动力蓄电池系统参数，以及充电前和充电过程中动力蓄电池的状态

参数。（ ）

9. 交流充电线束用于连接动力蓄电池与车载充电机。（ ）

10. 动力蓄电池高压线束用于连接动力蓄电池与高压控制盒。（ ）

11. 车载充电机内部的控制电路用于控制 MOS 管（场效应管）的开关，具有与动力蓄电池之间通信，监测车载充电机的状态，与充电桩握手等功能。（ ）

12. 直流充电线束用于连接直流充电接口与高压控制盒。（ ）

13. 直流充电低压线束用于连接低压蓄电池与电池管理器。（ ）

14. 在直流充电控制导引电路中，检测点 1 即 CC1，为充电桩检测快充插头与车辆连接状态识别信号。（ ）

15. 纯电动汽车没有安装发电机，低压辅助电池只能依靠 DC/DC 变换器进行补充充电。（ ）

三、选择题（每题 1 分，共计 15 分）

1. 直流充电装置主要为（ ）。

A. 便携式充电器　　B. 壁挂式充电盒

C. 直流充电桩　　D. 无线充电板

2. 车辆充电时，为了避免对充电设备造成破坏，下列选项中错误的是（ ）。

A. 严禁带电插拔充电插头

B. 如遇设备起火，严禁使用泡沫灭火器

C. 严禁使用金属物体触碰充电枪接口、纯电动汽车充电口

D. 可以改装充电设备

3. 在直流充电中，车辆需要与直流充电桩建立 CAN 通信，并获得低压供电输入，因此多了（ ）与 S+、S− 的连接。

A. A+、A−　　B. B+、B−

C. C+、C−　　D. D+、D−

4. 当充电完成时，充电盒自动停止充电，SOC 进度条显示为（ ），此时完成指示灯（Complete）闪烁。

A. 100%　　B. 80%

C. 60%　　D. 40%

5. 壁挂式充电盒根据充电功率的不同，可以分为（　　）两种。

A. 3.3 kW/7 kW 和 20 kW　　B. 20 kW 和 40 kW

C. 3.3 kW/7 kW 和 40 kW　　D. 3.3 kW 和 40 kW

6. 比亚迪便携式充电器的外壳防护等级是（　　）。

A. IP45　　B. IP67

C. IP56　　D. IP78

7. 直流充电桩采用模块化架构，可适应（　　）kW 的不同功率需求。

A. 5 ~ 10　　B. 10 ~ 200

C. 200 ~ 400　　D. 400 ~ 800

8. 快速充电就是用大电流充电，迅速恢复电池电能。快速充电率一般在（　　）以上，快充时间由电池容量和充电率决定。

A. 1 C　　B. 2 C

C. 3 C　　D. 4 C

9. 低压辅助单元是一个标准低压电源，输出电压为（　　），用于在充电期间给电动汽车上的用电器件供电，比如电池管理系统、热管理系统、汽车仪表等。

A. 12 V 或者 24 V　　B. 12 V

C. 24 V　　D. 36 V

10. 检查交流充电口与车载充电机连接是否良好：分别测量充电口（　　）脚与充电线束充电接插件 1、2、3、5、6 脚是否导通。如果不导通，则修复或更换交流充电线束总成。

A. L、N　　B. CC、CP

C. PE　　D. 以上都测量

11.（　　）为充电桩低压唤醒正、负继电器，其供电输出给整车控制器。

A. K1、K2　　B. K3、K4

C. K5、K6　　D. K7、K8

12. 辅助蓄电池在车下充电时，须采用限流方式，限制电压在（　　）V，电流在（　　）A 以内。

A. 12　20　　B. 14　30

C. 24　30　　D. 12　30

13. 当辅助蓄电池电压低于（　　）V 时，需更换辅助蓄电池。

A. 7.5　　B. 12

C. 6　　D. 24

14. 单体磷酸铁锂电池的使用寿命超过（　　）次，但电池组的寿命会大打折扣，可能只有（　　）次。

A. 2 000　500　　B. 2 000　600

C. 3 000　500　　D. 500　1 000

15. 用万用表测量充电枪端子 PE 与端子 CP 之间的电压为（　　）V，端子 L 与端子 N 之间的电压为（　　）V，初步判断供电设备正常。

A. 12　0　　B. 5　0

C. 12　5　　D. 12　13.8

四、简答题（每题 5 分，共计 35 分）

1. 新能源汽车充电装置的连接方式有哪些？分别写出每种连接方式的连接情况。

2. 新能源汽车有哪些充电模式？

3. 简述立柱式充电桩电气系统架构的组成。

4. 简述立柱式充电桩的作用。

5. 简述直流充电桩的结构组成。

6. 交流充电系统由哪几部分组成?

7. 简述电动汽车交流充电系统中控制导引电路的功能。

五、综合题（每题 10 分，共计 20 分）

1. 查阅资料，将下表中比亚迪便携式充电器 LED 指示灯的状态说明补充完整。

LED 指示灯状态说明

序号	红色指示灯	绿色指示灯	状态说明	指示灯位置
1	常亮	—		红灯 绿灯
2	常亮	1 s 闪烁 1 次		
3	两灯同时闪烁（1 s 闪烁 1 次）			
4	常亮	常亮		
5	1 s 闪烁 1 次	常亮		
6	两灯同时闪烁（3 s 闪烁 1 次）			
7	两灯交替闪烁（1 s 闪烁 1 次）			
8	3 s 闪烁 1 次	常亮		

2. 根据所学知识补全交流充电接口各端子的额定电压和额定电流以及功能定义。

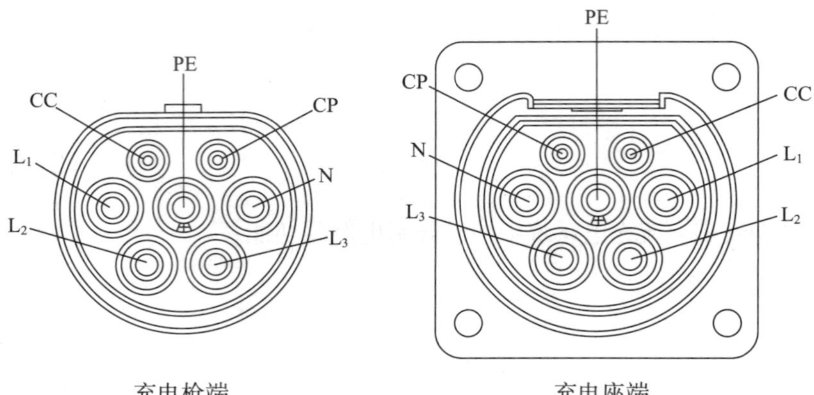

充电枪端　　充电座端

交流充电接口端子的名称

端子标识	额定电压和额定电流	功能定义
L_1		
L_2		
L_3		
N		
PE		
CC		
CP		

综合试卷（二）

一、填空题（每题 1 分，共计 15 分）

1. 根据充电装置的安装位置不同，充电装置大体可分为____________和____________两种。

2. 根据对新能源汽车动力蓄电池充电时的能量转换方式不同，充电装置可分为__________和__________两种。

3. 对新能源汽车充电装置的要求有五点，分别是__________、__________、__________、__________、__________。

4. 交流充电装置主要包括三种，即______________、______________和______________。

5. 壁挂式充电盒是为了满足__________、__________等电动汽车充电而配备的充电设备，可安装在__________、__________等场所。

6. 立柱式充电桩本质上就是一个______________，输出的是__________，需要车载充电机进行变压整流。因为其受限于车载充电机的功率，所以其功率一般__________。

7. 目前，主流的电动汽车无线充电技术有两种，分别是__________和__________。

8. 直流充电桩采用______________，使充电时间大大缩短。但快速充电的电流电压______，短时间内对电池的冲击______，容易使电池的____________脱落且使电池发热。

9. 直流充电桩的工作原理是通过整流将________变为________，再通过__________调整电压、电流输出，实现对电动汽车动力蓄电池充电。

10. 电动汽车电池的充电过程通常可分为____________、____________、________________和____________。

11. 车载充电机提供相应的保护功能，如__________、__________、__________、__________等，当充电系统出现异常时能及时切断供电。

12. 车载充电机的内部结构可分为三部分，即__________、__________、线束及标准件。

13. 电动汽车交流充电系统应具有控制导引电路，以实现下列功能：________________________、______________________________、________________________。

14. 车载充电机主要由____________、____________、____________、____________和____________等组成。

15. 当车辆及充电桩判定充电结束之后，断开 K1、K2、K5、K6，____________，断开 K3、K4，____________。

二、判断题（每题 1 分，共计 15 分）

1. 传导式充电是通过带有车辆插头和供电插头的活动电缆传导，将电动汽车与交流电网相连接。（　　）

2. 国家标准《电动汽车传导充电用连接装置　第 1 部分：通用要求》（GB/T 20234.1—2015）中规定，汽车的充电模式可分为三种。（　　）

3. 连接方式 C 是指将电动汽车与交流电网连接时，使用带有车辆插头和供电插头的独立的活动电缆组件。（　　）

4. 充电模式 4 是指将电动汽车连接到交流电网或直流电网时，使用了带控制导引功能的直流供电设备。（　　）

5. 与磁场感应技术相比，磁场共振的优势在于能在更大的范围内实现有效的能量传递，实现更高的空间自由度。因此，其可靠性更高，而且可以支持多个设备同时充电。（　　）

6. 启动充电和停止充电时必须使用同一张卡进行刷卡，刷卡启动后其他卡无法对充电盒进行操作，管理员卡除外。（　　）

7. 便携式充电器控制盒内部的主控单片机起到检测电流、提供过流保护的作用。（　　）

8. 直流充电桩具备宽电压输入范围，以及窄工作温度范围。（　　）

9. DC/DC 变换器的主要功能是将交流电转换为低压交流电。（　　）

10. 直流充电桩采用 IGBT（绝缘栅双级型晶体管）配套最新的驱动技术，稳定性高。（　　）

11. 当充电正常时，POWER 灯和 RUN 灯点亮；当启动半分钟后 POWER 灯仍然点亮时，有可能为电池无充电请求或已充满。（　　）

12. 当 POWER、RUN、FAULT 三个灯都不亮时，表示没有电源输入，应检查充电桩、充电线束及插接件是否正常；若不正常，则更换车载充电机。（　　）

13. 在环境温度为（23±2）℃和相对湿度为 90%～95% 时，车载充电机正负极输出与车身（外壳）之间的绝缘电阻≥20 MΩ。（　　）

14. 启动辅助蓄电池时，在非 OK 电源挡上可以开启前照灯和音响等多媒体娱乐系统。（　　）

15. 检查直流充电线束低压接插件和充电口端的电阻值是否正常，如果测量值不正常，则需要更换线束。（　　）

三、选择题（每题 1 分，共计 15 分）

1. 在充电过程中，充电设备将对实际充电电流与 PWM 表征的最大充电电流进行比较，若实际充电电流大于最大允许值的（　　）倍且持续 5 s，将停止充电。

A. 1.1　　B. 1.2

C. 1.3　　D. 1.4

2. 在充电过程中，充电枪和充电座各端子连接顺序中最先接触的是（　　）端子。

A. PE　　B. CC2

C. CC1　　D. DC+

3. 若有车辆充电电流需要超过（　　）A 的情况，需要通过双充电枪来实现。

A. 200　　B. 250

C. 350　　D. 400

4. 比亚迪便携式充电器上的 LED 指示灯（红色指示灯）1 s 闪烁 1 次代表的含义是（　　）。

A. 充电完成　　B. 过温保护

C. 过流保护　　D. 漏电保护

5. 立柱式充电桩输出的电流形式是（　　）。

A. 交流电　　B. 直流电

C. 低压电　　D. 高压电

6. 无线充电装置的功率一般在（　　）kW 以下。

A. 5　　B. 10

C. 15　　D. 20

7. 充电电池的额定容量为 1 000 mAh 时，即表示以 1 000 mA（1 C）放电，时间可持续 1 h，如以 200 mA（0.2 C）放电，时间可持续（　　）h。

A. 1　　B. 10

C. 5　　D. 50

8. 电动汽车为保证充入 100% 的电量，还应加入补足充电过程。补足充电率一般不超过（　　）。

A. 0.1 C　　B. 0.2 C

C. 0.3 C　　D. 0.4 C

9. 7 kW 充电盒、随车充电枪上 CC 对 PE 的电阻值分别为（　　）。

A. 220 Ω、1 500 Ω　　B. 2 000 Ω、680 Ω

C. 220 Ω、680 Ω　　D. 680 Ω、2 000 Ω

10. 电动汽车交流充电过程中，（　　）信号用来判断充电功率。

A. CC 对地电阻　　B. CP

C. PWM 信号　　D. 允许充电

11. 检查 DC/DC 变换器的功能：将车钥匙置于 ON 位，使用专用万用表电压挡测量低压蓄电池的电压，这时所测得的电压值就是 DC/DC 变换器的输出电压，在关闭车上用电设备的情况下，DC/DC 变换器的正常输出电压应为（　　）V。

A. 0 ~ 12　　B. 14 ~ 24

C. 13 ~ 14　　D. 24 ~ 36

12. 辅助蓄电池的充电电流降为（　　）A 时，应停止充电。

A. 0 ~ 0.5　　B. 0.5 ~ 1

C. 0 ~ 1　　D. 1 ~ 1.5

13. DC/DC 变换器的输出电压标称值为（　　）V。

A. 12　　B. 14

C. 13.8　　D. 14.8

14. 当辅助蓄电池单节电压低于 3.1 V 时会进入超低功耗模式，正常情况下 DC/DC 变换器输出电压为（　　）V 左右。

A. 12　　B. 5

C. 13.8　　D. 24

15. 测量辅助蓄电池电压为（　　）V，判断辅助蓄电池亏电，已进入超低功耗模式。

A. 5　　B. 0

C. 12　　D. 1

四、简答题（每题 5 分，共计 35 分）

1. 简述新能源汽车充电场所突发事件的应急处置规定。

2. 简述立柱式充电桩主回路和二次回路的主要功能。

3. 简述电动汽车预充电的概念。

4. 简述恒流充电的概念及特点。

5. 简述超低功耗模式的概念。应如何唤醒该模式?

6. 简述控制导引电路带载切断（误操作）的安全保护功能的原理。

7. 简述电磁感应与磁场共振两种无线充电技术的优缺点。

五、综合题（每题 10 分，共计 20 分）

1. 根据所学知识完善直流充电桩的例行检查项目表。

直流充电桩的例行检查项目表

序号	检查项目	序号	检查项目
1	检查充电桩连接电缆是否正常	11	检查充电桩各存储数据是否正常
2	检查充电桩固定螺母是否缺失或松动	12	
3		13	检查计量、计费功能是否正常、精准
4	检查充电桩各种安全标识是否正常	14	
5	检查充电桩机体有无明显晃动	15	
6	检查充电桩显示屏是否完好	16	
7		17	检查后台管理软件的各种管理功能是否正常
8	检查充电枪是否完好	18	检查各种结算数据是否正确
9		19	检查充电场所的各种安防措施是否正常
10	检查充电桩各种充电功能是否正常		

2. 根据所学知识补全直流充电系统的组成框图。

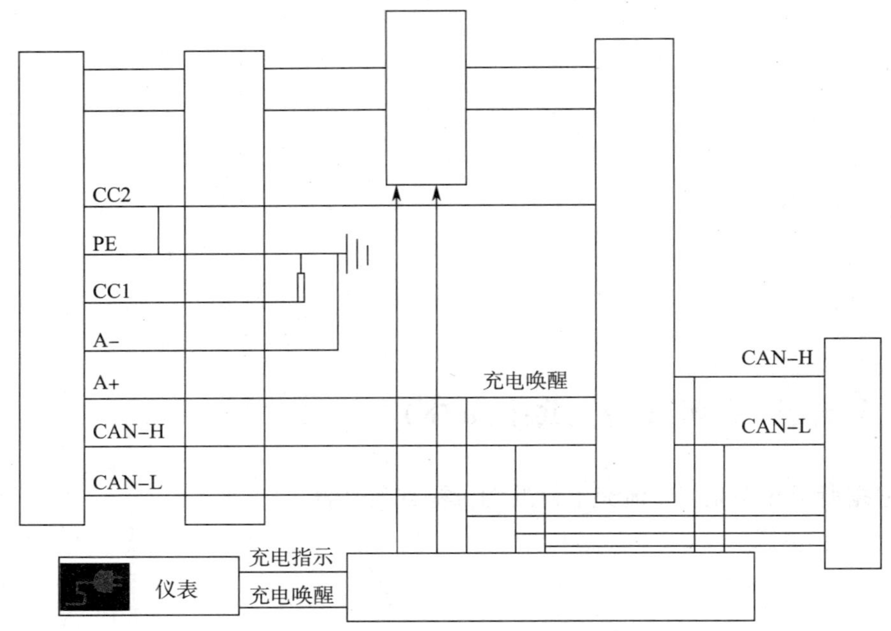

直流充电系统的组成框图

大赛试题（新能源汽车充电系统部分）

一、选择题

1. 新能源汽车动力蓄电池性能指标主要有储能密度、循环寿命、充电速度、抗高低温和安全性等，其中（　　）和安全性最受关注，因此磷酸铁锂电池和三元锂电池跻身主流市场，分别应用于客车市场和乘用车市场。

A. 储能密度　　　　B. 循环寿命

C. 充电速度　　　　D. 抗高低温

2. 电池储存的容量达到制造商规定的充电终止条件即被认为是（　　）。

A. 截止充电　　　　B. 完全充电

C. 可以放电　　　　D. 必须放电

3. 自放电是指蓄电池（　　）或不期望的化学反应造成可用容量自动减少的现象。

A. 硫化　　　　B. 充电时

C. 放电时　　　　D. 内部自发的

4. 热失控是指蓄电池放热连锁反应引起的电池温升速率急剧变化的（　　）、起火和爆炸现象。

A. 过热　　　　B. 过充电

C. 过放电　　　　D. 过电压

5. 两节相同类型但电量不同的电池串联在一起被充电，如果有保护电路，出现的结果是（　　）。

A. 低电量电池先被充满　　　　B. 高电量电池先被充满

C. 低电量电池不能被充满　　　　D. 高电量电池不能被充满

6. 慢充是指使用（　　），借助车载充电机，通过整流和升压，将交流电变换为高压直流电给动力蓄电池充电。

A. 直流 220 V 单相电　　B. 交流 220 V 单相电

C. 交流 380 V 三相电　　D. 直流 380 V 三相电

7. 快充系统一般使用（　　），通过快充桩进行整流、升压和功率变换后，将高压大电流通过高压母线直接给动力蓄电池充电。

A. 交流 380 V 三相电　　B. 直流 380 V 三相电

C. 直流 220 V 单相电　　D. 交流 220 V 单相电

8. 预充电阻的作用是（　　）。

A. 为电池充电之前的检测电阻

B. 车辆高压上电时降低冲击电流

C. 交流充电时的安全保护电阻

D. 不属于车辆上必需的结构

9. 缺少预充电阻会造成的后果是（　　）。

A. 烧毁主继电器

B. 损坏车载充电机

C. 电池管理系统不能运行

D. 车辆仍然可以行驶

10. 对纯电动汽车而言，检修慢充系统时，有时需要测量充电线的充电桩端 N 脚和车辆端 N 脚之间是否导通，其电阻值应小于（　　）Ω，否则应更换充电线总成。

A. 1　　B. 2

C. 0.8　　D. 0.5

11. 动力蓄电池的充电过程分为几种模式，在充电初期采用（　　）模式。

A. 均衡充电　　B. 恒流充电

C. 恒压充电　　D. 脉冲充电

12. 某款动力蓄电池的电芯容量为 30.5 Ah、连接方式为 3P91S、工作电压范围为 250 ~ 382 V、额定电压为 332 V，试计算其电芯最高充电电压为（　　）V。

A. 4.2　　B. 4.15

C. 2.65　　D. 2.75

13. 电动汽车充电时，连接电动汽车与电动汽车供电设备的组件，除电缆外还可能包括（　　）、车辆接口、缆上控制保护装置和帽盖等部件。

A. 供电接口　　B. 充电接口

C. 供电插头　　D. 车辆插头

14. 缆上控制保护装置集成在（　　）的线缆组件中，是具备控制功能和安全功能的装置。

A. 充电模式 1　　B. 充电模式 2

C. 充电模式 3　　D. 充电模式 4

15. 对于直流充电的车辆接口，应在车辆插头上安装（　　）装置，防止车辆接口带载分断。

A. 气压锁止　　B. 液压锁止

C. 电子锁止　　D. 机械锁止

16. 电动汽车充电时，充电枪在锁止状态下，施加（　　）N 的拔出外力时，连接不应断开，且锁止装置不得损坏。

A. 200　　B. 250

C. 150　　D. 300

17. 电动汽车充电时，当插入供电插头或车辆插头时，（　　）应最先连接。

A. 接地端子　　B. 相线端子

C. 中性端子　　D. 控制导引端子

18. 电动汽车充电时，当拔出供电插头或车辆插头时，（　　）应最后断开。

A. 接地端子　　B. 相线端子

C. 中性端子　　D. 控制导引端子

19. 供电插头和供电插座、车辆插头和车辆插座接合后，其防护等级应分别达到（　　）。

A. IP54　　B. IP55

C. IP67　　D. IP56

20. 电动汽车充电模式 2：将电动汽车连接到交流电网（电源）时，在电源侧使用了符合 GB/T 2099.1 和 GB/T 1002 要求的插头插座，在电源侧使用了相线、中性线和接地保护的导体，并且在（　　）上安装了缆上控制保护装置（IC-CPD）。

A. 直流供电设备　　B. 交流供电设备

C. 充电连接电缆　　D. 控制导引装置

21. 电动汽车充电模式 4：将电动汽车连接到交流电网或直流电网时，使用了带控制导引功能的（　　）。

A. 直流供电设备　　B. 交流供电设备

C. 充电连接电缆　　D. 控制导引装置

22. 电动汽车的连接方式 A：将电动汽车与交流电网连接时，使用与（　　）永久连接在一起的充电电缆和供电插头。

A. 控制导引装置　　B. 电动汽车

C. 供电设备　　D. 缆上控制保护装置

23. 电动汽车的连接方式 C：将电动汽车与交流电网连接时，使用与（　　）永久连接在一起的充电电缆和车辆插头。

A. 控制导引装置　　B. 电动汽车

C. 供电设备　　D. 缆上控制保护装置

24. 电动汽车交流充电车辆接口和供电接口分别包含（　　）对触头。

A. 7　　B. 8

C. 9　　D. 10

25. 电动汽车交流充电车辆接口和供电接口分别是 CC、（　　）、N、L_1、L_2、L_3 和 PE。

A. CA　　B. AP

C. DC　　D. CP

26. 在交流充电连接过程中，首先接通保护接地触头，最后接通控制导引触头与（　　）。

A. 交流电源触头　　B. 中线触头

C. 电平台触头　　D. 充电连接确认触头

27. 固定安装在电动汽车上，将公共电网的电能转换为车载储能装置所要求的直流电，并给车载储能装置充电的设备称为（　　）。

A. DC/DC 变换器　　B. 车载充电机

C. 高压控制盒　　D. 电机控制器

28. 车载充电机的输入（　　）与输入视在功率的比值称为功率因数。

A. 有功功率　　B. 无功功率

C. 平均功率　　D. 瞬时功率

29. 车载充电机在额定输入条件下，额定功率输出时的功率因数应不小于（　　）。

A. 0.95　　B. 0.99

C. 0.98　　D. 0.96

30. 车载充电机在额定输入条件下，50% 的额定功率输出时的功率因数应不小于（　　）。

A. 0.95　　B. 0.99

C. 0.98　　D. 0.96

31. 车载充电机的交流端口任一交流相线与彼此相连的可触及金属部分之间的接触电流应不大于（　　）mA。

A. 3.0　　B. 3.5

C. 4.0　　D. 4.5

32. 车载充电机的效率是输出功率与输入（　　）比值的百分数。

A. 有功功率　　B. 无功功率

C. 平均功率　　D. 瞬时功率

33. 交流充电装置是指采用传导方式为具有（　　）的电动汽车提供交流电源的专用供电装置。

A. DC/DC 变换器　　B. 电机控制器

C. 高压控制盒　　D. 车载充电机

34. 电动汽车的电池处于充满电状态时，仍然与充电装置连接，由充电装置向电池提供少量电流来补偿电池的局部损耗，这种现象称为（　　）。

A. 过充　　B. 浮充

C. 恒压充　　D. 恒流充

35. 充电是指将交流或直流电网（电源）调整为校准的电压 / 电流，为电动汽车（　　）提供电能，也可额外地为车载电气设备供电。

A. 驱动电机　　B. 电机控制器

C. 动力蓄电池　　D. 车载充电机

36. 充电是指将交流或直流电网（电源）调整为校准的电压/电流，为电动汽车动力蓄电池提供（　　），也可额外地为车载电气设备供电。

A. 热能　　B. 化学能

C. 机械能　　D. 电能

37. 连接电动汽车到电网（电源）给电动汽车供电的方法称为（　　）。

A. 充电模式　　B. 充电方式

C. 连接模式　　D. 连接方式

38. 连接电动汽车到电网（电源）给电动汽车供电的方法有（　　）种。

A. 1　　B. 2

C. 3　　D. 4

39. 使用电缆和连接器将电动汽车接入电网（电源）的方法称为（　　）。

A. 充电模式　　B. 充电方式

C. 连接模式　　D. 连接方式

40. 使用电缆和连接器将电动汽车接入电网（电源）的方法有（　　）种。

A. 1　　B. 2

C. 3　　D. 4

41.（　　）是指通过电子或机械的方式，反映车辆插头连接到车辆和/或供电插头连接到充电设备上的状态的功能。

A. 连接确认功能　　B. 控制导引功能

C. 过压断路功能　　D. 过流断路功能

42.（　　）是指用于监控电动汽车与电动汽车供电设备之间交互的功能。

A. 连接确认功能　　B. 控制导引功能

C. 过压断路功能　　D. 过流断路功能

43. 在充电模式 4 下，供电设备接触器接通时发生的车辆到充电设备，或者充电设备到车辆的冲击电流（峰值）应控制在（　　）A 以下。

A. 50　　B. 40

C. 30　　D. 20

44. 缆上控制与保护装置是在（　　）下连接电动汽车的一组部件或元件，包括功能盒、电缆、供电插头和车辆插头，执行控制功能和安全功能。

A. 充电模式 1　　B. 充电模式 2

C. 充电模式 3　　D. 充电模式 4

45. 充电模式 2 下充电系统使用标准插座，能量传输过程中应采用单相交流电供电。电源侧使用符合 GB/T 2099.1 和 GB/T 1002 要求的 16 A 插头插座时，输出电流不能超过（　　）A。

A. 13　　B. 14

C. 15　　D. 16

46. 充电模式 2 下充电系统使用标准插座，能量传输过程中应采用单相交流电供电。电源侧使用符合 GB/T 2099.1 和 GB/T 1002 要求的 10 A 插头插座时，输出电流不能超过（　　）A。

A. 7　　B. 8

C. 9　　D. 10

47. 在充电模式 2 下的充电系统中，从标准插座到电动汽车应提供保护接地导体，且应具备剩余电流保护和（　　）功能。

A. 过压保护　　B. 过流保护

C. 欠压保护　　D. 欠流保护

48. 在充电模式 2 下的充电系统中，从标准插座到电动汽车应提供保护接地导体，且应具备（　　）和过流保护功能。

A. 剩余电流保护　　B. 剩余电压保护

C. 剩余电荷保护　　D. 剩余电能保护

49. 对于充电模式 4，应安装（　　）来切断供电设备与电动汽车之间的联系，以防电击、起火或爆炸。

A. 急停装置　　B. 漏电保护器

C. 浪涌开关　　D. 继电器

50. 在电动汽车整个充电阶段，（　　）实时向充电机发送电池充电需求，充电机根据电池充电需求来调整充电电压和充电电流，以保证充电过程正常进行。

A. VCU　　B. BMS

C. MCU　　D. CHG

51. 电动汽车充电时，BMS 根据充电过程是否正常、电池状态是否达到 BMS 本身设定的充电结束条件，以及是否收到（　　）的终止充电报文来判断是否结束充电。

A. 充电机　　B. 电机控制器

C. 动力蓄电池　　D. 整车控制器

52. 纯电动汽车随车配备了 16 A 或 32 A 慢速充电线，其中 16 A 充电线在连接车辆慢充口的充电插头中 CC 端与 PE 端接有（　　）Ω 的电阻。

A. 220 ± 3%　　B. 320 ± 3%

C. 680 ± 3%　　D. 860 ± 3%

53. 在纯电动汽车中，整车控制器的供电电压一般为（　　）V。

A. 10　　B. 5

C. 12　　D. 20

54. 检修 16 A 慢充系统时，如果测量充电线车辆端充电枪的 CC 端和 PE 端之间的电阻值，其电阻值应为（　　）Ω，否则应更换充电线总成。

A. 380　　B. 980

C. 450　　D. 680

55. 车载充电机上的 POWER 灯是指（　　）。

A. 电源指示灯　　B. 充电指示灯

C. 报警指示灯　　D. 断电指示灯

56. 在车辆“READY”时测量新能源汽车低压蓄电池的电压，这时所测得的电压为（　　）的电压。

A. 车载充电机输出　　B. DC/DC 变换器输出

C. 高压控制盒输出　　D. 电机控制器输出

57. 车辆充电时，为了避免对充电设备造成破坏，下列说法中错误的是（　　）。

A. 不要用力拉或者扭转充电电缆

B. 不要使充电设备承受撞击

C. 可以在充电插座塑料扣盖打开的状态下关闭充电口防护盖

D. 使充电设备远离加热器或者其他热源

58. 车辆使用充电宝（便携式充电器）充电时，输入电流最大不能超过（　　）A。

A. 8　　B. 10

C. 16　　D. 32

59. 电动汽车充电插座传导连接到电网，应有一个端子将电平台与电网的接地部分连接，这是充电枪（　　）端子。

A. CP　　B. PE

C. S+　　D. S–

60. 当充电接口断开时，电动汽车充电接口的绝缘电阻（包括充电时传导连接到电网的电路）至少应为（　　）。

A. 1 MΩ　　B. 10 MΩ

C. 100 MΩ　　D. 1 GΩ

61. 电动汽车车载充电机与其他控制器连接电路如下图所示，下列描述车载充电机的说法中错误的是（　　）。

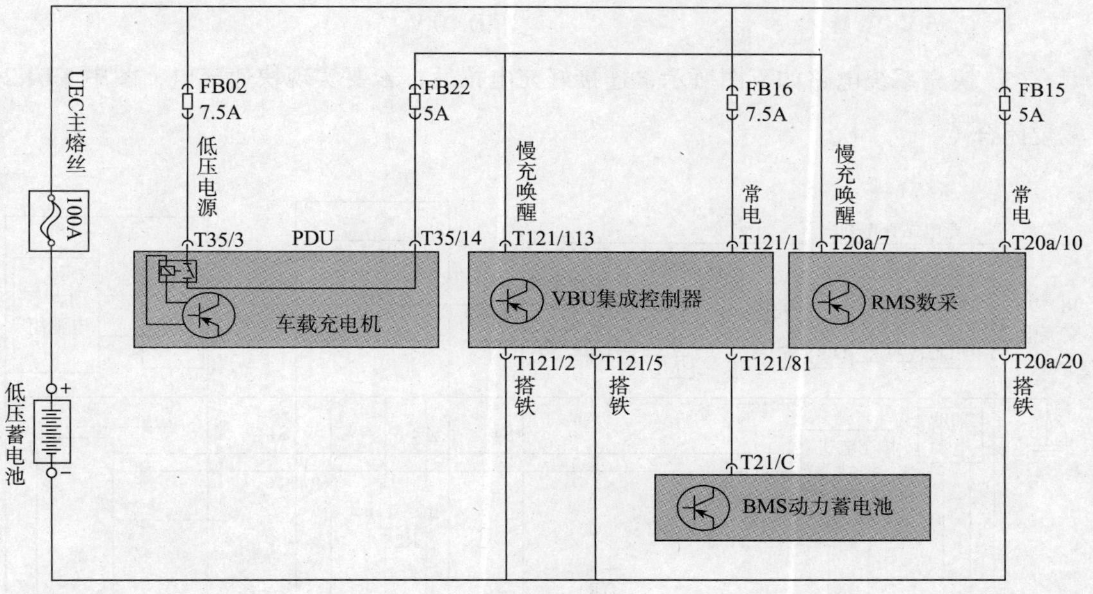

A. 车载充电机只能为动力蓄电池充电，不能为低压蓄电池充电

B. 车载充电机只能为低压蓄电池充电，不能为动力蓄电池充电

C. 低压蓄电池电压过低，车载充电机将不能工作

D. 车载充电机受 VBU 集成控制器控制

62. 连接好充电枪后，车载充电机工作电路如下图所示，图中检测点 1 检测到（　　）信号电压，充电桩 K1/K2 开关闭合使车载充电机工作。

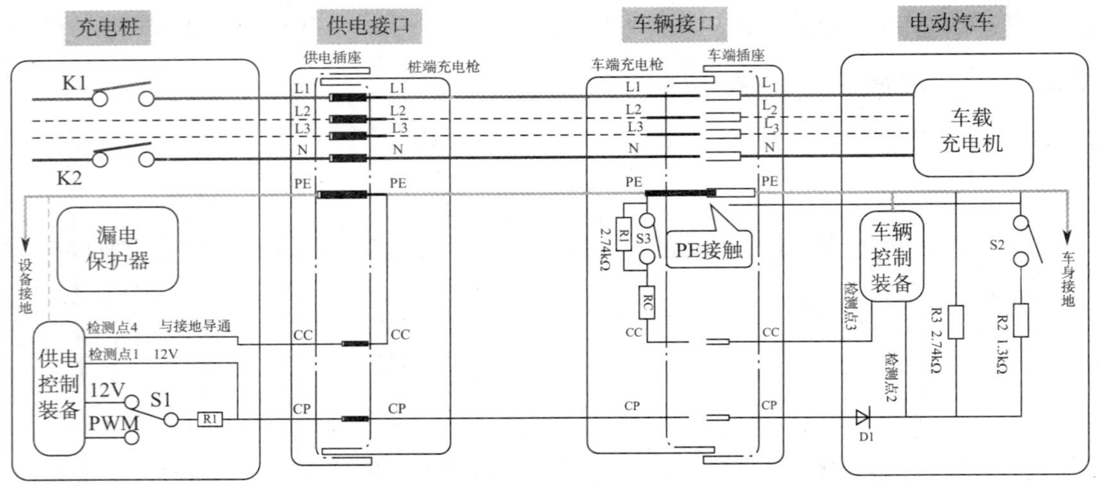

A. 12 V　　　　B. 9 V PWM

C. 6 V PWM　　　　D. 0 V

63. 快充系统电路如下图所示，连接好充电枪后，若要实现快速充电，图中 K1/K2 需要闭合（　　）次。

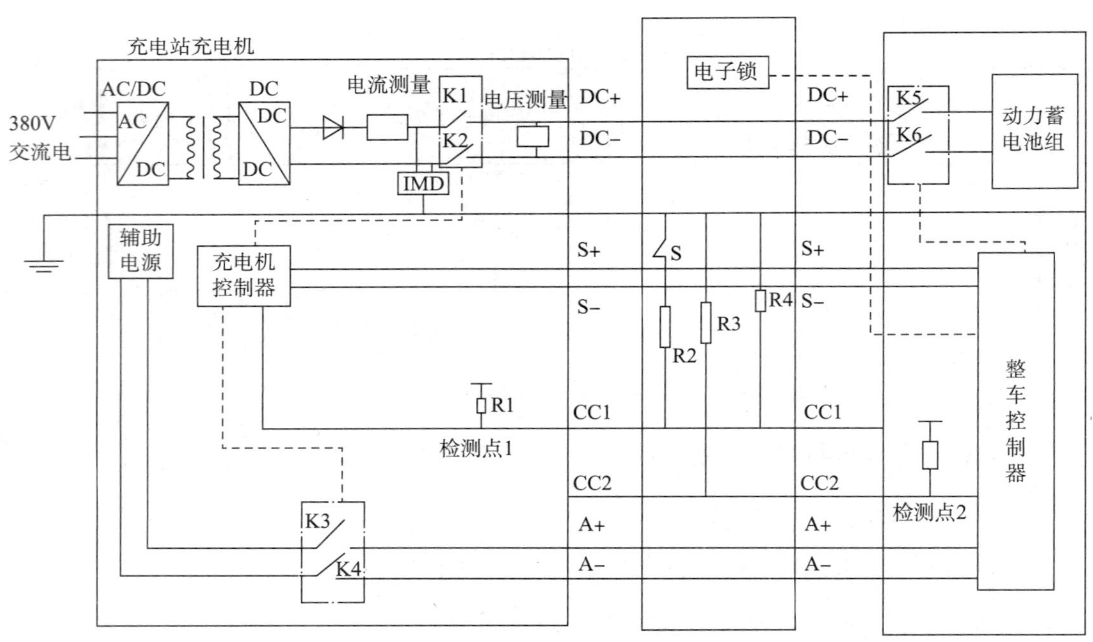

A. 1　　　　B. 2

C. 3　　　　D. 4

64. 新能源电动汽车 DC/DC 变换器工作电路如下图所示，DC/DC 变换器输出的工作

电压是（　　）V。

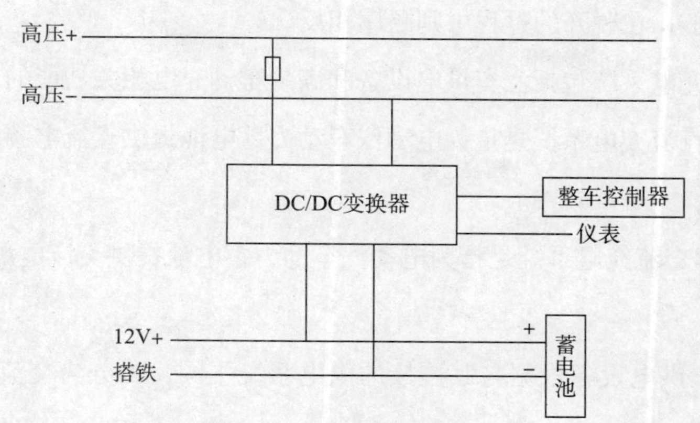

A. 9　　B. 12

C. 14　　D. 300

65. 电动汽车设计有智能充电功能，智能充电是针对（　　）来说的。

A. 辅助蓄电池　　B. DC/DC 变换器

C. 动力蓄电池包　　D. 电机控制器

二、判断题

1. 充电终止电压是指蓄电池正常充电时允许达到的最高电压。（　　）

2. 动力蓄电池继电器盒也称蓄电池控制器，其内的预充电阻继电器和预充电阻是为防止动力蓄电池充放电时高电压冲击而设置的，是并联关系。（　　）

3. 充电接口应有锁止功能，用于防止充电过程中的意外断开。（　　）

4. 电动汽车充电模式 2：将电动汽车连接到交流电网（电源）时，在电源侧使用了符合 GB/T 2099.1 和 GB/T 1002 要求的插头插座，在电源侧使用了相线、中性线和接地保护的导体。（　　）

5. 电动汽车充电模式 3：将电动汽车连接到交流电网（电源）时，使用专用供电设备，将电动汽车与交流电网直接连接，并且在专用供电设备上安装了控制导引装置。

（　　）

6. 电动汽车的连接方式 B：将电动汽车与交流电网连接时，使用带有车辆插头和供电插头的独立的活动电缆组件。（　　）

7. 车辆插头和车辆插座在连接过程中触头耦合的顺序为：保护接地→充电连接确认

（CC2）→直流电源正与直流电源负→低压辅助电源正与低压辅助电源负→充电通信→充电连接确认（CC1）；在脱开的过程中则顺序相反。 （ ）

8. 电动汽车充电系统包括汽车供电设备和满足车辆充电相关功能的系统。 （ ）

9. 电动汽车直流充电系统是指为电动汽车动力蓄电池提供直流电源的充电系统。 （ ）

10. 电动汽车交流充电系统是指为电动汽车动力蓄电池提供交流电源的充电系统。 （ ）

11. 电动汽车供电设备根据与其连接的供电系统不同，可分为交流供电设备和直流供电设备两种。 （ ）

12. 电动汽车供电设备按照安装方式不同可分为固定式和移动式两种。 （ ）

13. 电动汽车整个充电过程包括六个阶段，即物理连接完成阶段、低压辅助上电阶段、充电握手阶段、充电参数配置阶段、充电阶段和充电结束阶段。 （ ）

14. 电动汽车进行充电时，要求充电系统必须保证良好接地。 （ ）

15. 直流充电时，车载充电机要参与充电工作。 （ ）